I0232057

LE
MAITRE LATIN,
OPUSCULE
AU MOYEN DUQUEL
LA SYNTAXE ET LES GALLICISMES,
Exposés dans des Phrases analysées,
Peuvent être appris sans le secours d'un Professeur.

PAR M. COLLIN,
Ancien Professeur de Belles-Lettres et de Philosophie;
Auteur de quatre autres Ouvrages français et latin, adoptés pour l'enseignement en France et chez l'Etranger.

DE L'IMPRIMERIE DE PORTHMANN.

A PARIS,
Chez l'AUTEUR, tenant une Maison d'Education, rue d'Argenteuil, n°. 37.

1806.

Il y a toujours chez M. Collin des cours de Littérature, de Latin, de Logique, Rhétorique, de Morale et de Langue française.

On consacre des heures à l'explication du Droit français et romain, pour ceux qui se destinent au Barreau.

Comme chaque cours se fait par démonstration et ne fatigue pas, on peut les suivre tous, et terminer complètement ses études dans l'année.

Les quatre autres ouvrages de M. Collin, qui se trouvent chez lui, sont :

Le Mémorial universel, *le Flambeau des Etudians en Rhéthorique et en Philosophie*, *la Grammaire parlante*, et *la Méthode nouvelle*, pour epprendre à traduire promptement et facilement le français en latin.

Tous les exemplaires sont revêtus de ma signature.

Collin

LE

MAITRE LATIN.

PREMIÈRE PARTIE.

DIEU est éternel, et le monde aura une fin.
Deus est æternus, et mundus habebit finem.

Deus est au nominatif, parce qu'il est le nominatif de *est*. Le nominatif du verbe se met au nominatif. Ce nominatif, appelé aussi sujet, se connaît en faisant la question *qui est-ce qui? qui est-ce qui est?* Réponse, *Dieu*. DIEU, *Deus* en latin, doit donc être au nominatif. *Est*, troisième personne du singulier du présent de l'indicatif du verbe *sum, esse, fui*; il est à la troisième personne du singulier, parce que son nominatif *Deus* est de la troisième personne du singulier. Le verbe s'accorde avec son nominatif en nombre et en personne. *Æternus*, adjectif; il est au nominatif singulier masculin, parce que son substantif *Deus* est au nominatif singulier masculin. L'adjectif s'accorde avec le substantif en *genre*, en *nombre* et en *cas*. *Mundus* est au nominatif, parce qu'il est le nominatif de *habebit*. Le nominatif du verbe se met au nominatif. *Habebit* est à la troisième personne du singulier, parce que son nominatif *mundus* est à la troisième personne du singulier. Le verbe s'accorde avec son nominatif en nombre et en personne. *Finem* est à l'accusatif, parce qu'il est le régime de *habebit*. Le régime du verbe se met au cas que le verbe gouverne.

Il y a deux régimes; le direct, qui répond à la question *qu'est-ce que*, ou *quoi?* l'indirect, qui répond à la question *à qui*, *à quoi*, *de qui*, *de quoi?* Le cas qu'exigent les verbes, tant pour le régime direct que pour l'indirect, est marqué dans le dictionnaire. Nous allons aider à en faire l'application. Supposons cette phrase :

Je donne l'aumône aux pauvres.

Qu'est-ce que je donne? Réponse, *l'aumône*. *L'aumône* est donc le régime direct. *A qui? aux pauvres*. *Les pauvres* sont donc le régime indirect.

Je cherche *donner* dans le dictionnaire; je trouve *dare*, *do*, *dedi*, *datum*, etc. quelque chose à quelqu'un, *aliquid alicui*. *Aliquid* m'indique que le régime direct est à l'accusatif, et *alicui*, que le régime indirect est au datif.

Je traduis ainsi : *Do stipem pauperibus*. Je suis instruit que *do*, *dare*, veut son régime direct à l'accusatif. Par le mot *aliquid*, j'ai mis *stipem*, l'aumône, à l'accusatif. J'ai vu que le régime indirect répondant à la question *à qui?* est au datif par le mot *alicui*; j'ai mis *pauperibus*, les pauvres, au datif.

AUTRE PHRASE.

Demandez une grâce au roi.

Une grâce est le régime direct, *demandez quoi? Au roi* est le régime indirect *à qui?*

Cherchons *demander*. Demander, *peto, petere, petivi, petitum*; quelque chose (régime direct) à quelqu'un (régime indirect), *aliquid ab aliquo. Aliquid* marque que le verbe veut le régime direct à l'accusatif; et *ab aliquo*, que le régime indirect est à l'ablatif avec *ab. Ab* se met devant les voyelles et les *h*, et *à* devant les consonnes. Je mettrai donc *une grâce* à l'accusatif, puisque c'est le régime direct, et *au roi* à l'ablatif, avec la préposition *à*, puisque c'est le régime indirect :

Pete veniam à rege.

Un, une, ne s'expriment point, à moins qu'ils ne soient *noms de nombre*.

AUTRE PHRASE.

Nous avons averti nos frères du dégât.

Averti *quoi? Nos frères* : voilà le régime direct. *De quoi?* Du dégât : voilà le régime indirect. Voyons *avertir : Monere, moneo, monui, monitum*, quelqu'un de quelque chose, *aliquem alicujus rei*, ou *de re aliquâ*. *Aliquem* m'annonce, comme *aliquid*, que le régime direct doit être à l'accusatif, et *alicujus rei*, avec *de re aliquâ*, que le régime indirect se met au génitif, ou à l'ablatif avec *de*. Je traduirai ainsi :

Monuimus fratres nostros damni ;

et au lieu de *damni*, je mettrai, si je veux, *de damno*.

NOTE. Il y a des verbes qui n'ont point de régime direct, et qui n'en ont qu'un indirect, et quelquefois deux, comme ici :

Je vous ai parlé de cette chose.

J'ai parlé *à qui?* à vous ; *de quoi?* de cette chose. *Parler* veut le nom de la chose dont on s'entretient à l'ablatif avec *de*, et le nom de la personne à l'ablatif avec *cum*. Je dirai donc :

Tecum locutus sum de re illâ.

La préposition *cum* est placée après le nom ; ainsi le veut l'usage, avec les pronoms *ego*, *nos*, *tu*, *vos*, *se*, et même avec *qui*, *quæ*, *quod*. Du reste, cette préposition se place avant les noms et pronoms autres que ceux précités.

II.

Je suis écouté du maître, *audior à magistro ;* des auditeurs, *ab auditoribus ;* des hommes, *ab hominibus.*

Audior a pour nominatif le pronom *ego* sous-entendu. Le pronom nominatif ne s'exprime pas ordinairement. (*Voyez* notre MÉTHODE, page 128.)

Magistro, *auditoribus*, *hominibus*, sont à l'ablatif, parce que le régime du verbe passif se met à l'ablatif.

Si le nom est de choses animées, on met la préposition *à* quand ce nom commence par une consonne, et *ab* s'il commence par une voyelle ou une *h*. (*Il n'y a d'animé que les hommes et les bêtes*). Si le régime du verbe passif est une chose inanimée, on met l'ablatif sans préposition, comme ici :

Je suis accablé de peines, *Conficior pœnis*.

III.

Vous et lui vous vous amusez, *tu et ille luditis*.

Luditis est au pluriel, parce qu'il a pour nominatif deux singuliers qui valent un pluriel. *Luditis* est à la seconde personne, parce que, quand les nominatifs d'un verbe sont de différentes personnes, il prend la plus noble. La première est plus noble que la seconde, la seconde est plus noble que la troisième.

En français, la première personne se met par politesse la dernière ; c'est le contraire en latin. En français, on dit encore *vous* par politesse ;

en parlant à une seule personne, et on dit *toi* en latin.

EXEMPLE:

Vous et moi nous nous amusons, *Ego et tu ludimus.*

IV.

Les frères et les sœurs savans, *Fratres et sorores docti.*

Docti est au pluriel, parce que les substantifs sont au pluriel; *docti* est au masculin, parce que l'adjectif qui se rapporte à des noms de différens genres, prend le plus noble. Le masculin est plus noble que le féminin, le féminin est plus noble que le neutre.

Fratres étant masculin et *sorores* féminin, l'adjectif a dû s'accorder avec le premier.

La gloire et la vertu admirables, *Gloria et virtus miranda.*

Miranda est au pluriel, parce que deux singuliers valent un pluriel; *Miranda* est au neutre, parce que l'adjectif qui se rapporte à des choses inanimées, se met au neutre.

V.

Les rois qui règnent, *Reges qui regnant.*

Qui est au pluriel, parce que *reges*, auquel il se rapporte, est au pluriel.

Qui est au masculin, parce que *reges*, auquel il se rapporte, est au masculin.

Qui est au nominatif, parce qu'il est le nominatif de *regnant*.

Le *qui* relatif s'accorde en genre et en nombre avec le nom qui le précède, et qu'on nomme *antécédent* ; il se met toujours au nominatif.

Les pluies et les vents qui ont eu lieu, *Pluviæ et venti quæ fuerunt*.

Quæ est au pluriel, parce que ses antécédens *pluviæ et venti* sont au pluriel. *Quæ* est au neutre, parce que le relatif, comme l'adjectif, qui se rapporte à des choses inanimées, se met au neutre.

Le frère et la sœur qui, *Frater et soror qui*.

Qui est au pluriel, parce que deux singuliers valent un pluriel.

Qui est au masculin, parce que le relatif, comme l'adjectif, qui se rapporte à des noms de différens genres, se met au plus noble. Or, *frater* étant masculin, *soror* féminin, le pronom *qui*, a dû être au masculin.

Ce que nous avons dit du *qui* relatif s'applique au *que*, c'est-à-dire que le *que relatif* s'accorde en genre et en nombre avec le nom qui le précède : la différence qui existe, c'est que le *qui* étant sujet d'un verbe, se met toujours au nominatif, et que le *que* étant régime du verbe, se met au cas que veut le verbe. C'est ce que nous allons démontrer dans le n°. VI.

VI.

La terre que je cultive, *Terram quam colo.*

Quam est au singulier, parce que son antécédent *terra* est au singulier.

Quam est au féminin, parce qu'il doit s'accorder avec son antécédent *terra* qui est féminin.

Quam est à l'accusatif, parce qu'il est le régime de *colo*, verbe qui veut l'accusatif.

Le *que* relatif se met toujours au cas du verbe qui le suit, et dont il est le régime.

Le frère et la sœur que je chéris, *Frater et soror quos diligo.*

Quos est à l'accusatif, parce qu'il est le régime de *diligo*, verbe actif. Or, tous les verbes actifs veulent l'accusatif.

Quos est au pluriel, parce que *le frère* et *la sœur*, qui sont deux singuliers, valent un pluriel.

Quos est au masculin, parce que l'*adjectif*, le *qui relatif* et le *que relatif* qui se rapportent à des noms de différens genres, doivent se mettre au plus noble.

Si les antécédens sont des choses inanimées, le relatif *que* doit être au neutre, comme ici :

La terre, le ciel et le soleil que je vois; *Terra, cœlum et sol quæ video.*

VII.

Je veux partir, *Volo proficisci.*

Proficisci est à l'infinitif, parce que, quand deux verbes se suivent, et que le premier ne marque pas de mouvement, le second se met à l'infinitif.

Je viens travailler, *Venio laboratum.*

Laboratum est au supin en *um*, parce que le premier verbe marque du mouvement.

On pourrait dire aussi : *Venio ad laborandum* ou *ut laborem.* Il faudrait bien mettre l'un des deux derniers, si le second verbe n'avait pas de supin.

Je reviens de travailler, *Venio à laborando.*

Je mets le second verbe au gérondif en *do*, parce que, quand deux verbes se suivent, si le premier signifie mouvement pour venir de quelque lieu, on met le second au gérondif en *do* avec *à*, s'il commence par une consonne, et *ab*, s'il commence par une voyelle ou une *h*.

VIII.

Les pierres des rues, *Lapides viarum,*
La table du seigneur, *Mensa domini.*
La fleur de la rose, *Flos rosæ.*
Le jardin de Pierre, *Hortus Petri.*

Des, *du*, *de la*, *de*, entre deux noms, veulent le second au génitif.

Si cependant *de*, *de la*, *du*, pouvaient se tourner par *qui s'appelle*, comme dans les exemples suivans, le second nom serait au même cas que le premier, et non au génitif.

Le fleuve du Rhône. On peut tourner *du* par *qui s'appelle*; alors je dis : ***Flumen Rhodanus***, et non ***Rhodani***.

La ville de Paris, ***Urbs Lutetia***, et non ***Lutetiæ***, parce qu'on peut dire : ***La ville qui s'appelle Paris***.

La rivière de la Marne, ***Rivus Matrona***, et non *Matronæ*, parce qu'on peut dire : ***La rivière qui s'appelle la Marne***.

IX.

Le siècle de souffrir, ***Sæculum patiendi***.

Souffrir est au gérondif en *di*, parce que *de* entre un nom et un infinitif, veut cet infinitif au gérondif en *di* en latin.

Il est triste de périr ainsi, ***Triste est ita perire***.

Quand *de* est placé entre un nom et un infinitif, si cet infinitif peut servir de nominatif à la phrase, on le met aussi à l'infinitif en latin : ce qui arrive ici; car on peut dire : *Périr ainsi est triste*, ou *une chose triste*.

Triste est au neutre, à cause de *negotium*, mot neutre sous-entendu, qui signifie *chose*.

C'est un péché de mentir, *Mentiri peccatum est.*

Je mets l'infinitif au lieu du gérondif en *di*, parce que l'on peut dire : *Mentir est un péché.*

X.

Il se leva pour répondre, *Surrexit ad respondendum*, ou *ut responderet*, ou *respondendi gratiâ* ou *causâ.*

Pour, devant un infinitif, se rend par le gérondif en *dum* avec *ad*, par *ut* avec le subjonctif, ou par le gérondif en *di* avec *gratiâ* ou *causâ.*

XI.

Je me repens, *Me pœnitet.*
Tu as honte, *Te pudet.*
Il a pitié, *Illum miseret.*
Nous nous ennuyons, *Nos tædet.*
Vous avez regret, *Vos piget.*

Avec ces cinq verbes impersonnels, le nominatif français se met à l'accusatif en latin.

XII.

J'entends Pierre chanter, *Petrum audio canentem*; c'est-à-dire, *chantant.*

Les verbes *ouïr*, *entendre*, *voir*, *sentir*, *admirer*, *écouter*, veulent l'infinitif français au participe présent, que l'on fait accorder avec leur régime, en genre, en nombre et en cas.

Il est des cas, cependant, où l'on ne peut mettre le participe présent; c'est lorsque le pronom, placé devant ces verbes, reçoit l'action de l'infinitif suivant, comme ici :

Vous le verrez punir, c'est-à-dire, *punir lui.*

Si je mettais le participe présent, je porterais à croire qu'il ferait l'action, au lieu de la recevoir, et ce serait un contre-sens. Je tournerai donc :

Vous verrez lui être puni, *Eum puniri videbis.*

Vous le verrez punir les coupables, c'est-à-dire, lui punissant les coupables.

Ici point de doute :

Illum punientem reos videbis.

Vous le verrez admirer, c'est-à-dire, admirer lui, ou lui être admiré.

Nous ne pouvons pas mettre de passif, parce qu'*admirer* est déponent; mais nous emploierons le participe-présent de *miror*, en sous-entendant *homines*, et nous dirons : *Videbis mirantes eum*, comme s'il y avait : Vous verrez les hommes admirer, ou admirant lui.

XIII.

Chose horrible à voir, *res horribilis visu*, ou *horribile visu* en sous entendant *negotium.*

Visu, est au supin *en u*, parce qu'après les adjectifs *horrible à*, *admirable à*, *facile à*, *difficile à*, *beau à*, *étonnant à*, *agréable à*, *désagréable à*, l'infinitif français se rend par le supin *en u*.

Si le verbe n'avait pas de supin, il faudrait tourner la phrase ainsi : *ma leçon est difficile à étudier*; dites il est difficile d'étudier ma leçon. *Difficile est studere lectioni meœ. Studere* n'a pas de supin.

XIV.

Je passe le jour à dormir, tournez en dormant, *consumo diem dormiendo.*

Quand *a* devant un infinitif peut se tourner par *en* et le participe présent, on met cet infinitif au gérondif en *do.*

Jean m'a donné des livres à lire, dites pour être lus. *Joannes dedit mihi libros legendos.*

Quand *à* devant un infinitif peut se tourner par *pour* avec l'infinitif passif, cet infinitif se rend par le participe en *dus*, *da*, *dum*, que l'on fait accorder avec le régime en genre, en nombre et en cas.

XV.

Lorsque vous parliez, *dùm diceres*, *dùm* et *cùm* devant l'imparfait français, veulent l'imparfait du subjonctif en latin.

Si vous vouliez, si vous aviez voulu, *si velles, si voluisses.*

La conjonction *si*, veut le subjonctif devant l'imparfait et le plus que parfait.

Si la même conjonction peut se tourner par *quand*, elle ne veut pas le subjonctif.

EXEMPLE:

Si je sortais, il entrait, c'est-à-dire quand je sortais. *Si egrediebar, intrabat.*

XVI.

Ne marchez pas, *ne ambules*, ou *ne ambula*, ou *noli ambulare*. En parlant à plusieurs, *ne ambuletis*, *ne ambulate*, ou *nolite ambulare*, voici comme on rend *ne* avec un impératif.

Venez vous, *num venis*, ou *venis-ne*.

Quand on interroge sans négation, on met *num* devant le premier mot, ou *ne* après.

N'avez-vous pas dormi? *annon*, ou *nonne dormivisti*: quand on interroge *avec ne pas* ou *ne point*, on se sert d'*annon* ou de *nonne*.

XVII.

J'ai vu des enfans, *vidi pueros*, *des* après un verbe, se met au cas du verbe et non au génitif.

Des soldats réunis forment une armée. *Milites collecti constituunt exercitum.*

Qui est-ce qui forme une armée ? réponse, *des soldats. Des soldats*, étant le nominatif de former, on a dû les mettre au nominatif et non au génitif.

XVIII.

Les enfans ont été avertis, *pueri moniti sunt.*

Les femmes ont imité, *mulieres imitatœ sunt.*

Dans tous les verbes passifs et déponens, le participe s'accorde en genre et en nombre avec le nominatif. Ainsi :

Moniti est au pluriel et au masculin, parce que *Pueri* nominatif du verbe, est au pluriel et au masculin.

Imitatœ est au pluriel et au féminin, parce que *mulieres* nominatif du verbe, est au pluriel et du féminin.

DEUXIÈME PARTIE.

Ier.

QUE direz-vous, *quid dices?*

Le que interrogatif, se tourne *par quelle chose*, et se rend par *quid*, si le verbe gouverne l'accusatif, s'il ne le gouverne pas, on exprime le mot chose comme il suit :

EXEMPLE:

Qu'étudierez-vous, *cui rei studebis.*
Qui viendra, *quis veniet?*
Quelle femme osera, *quæ mulier audebit?*

Le qui interrogatif, s'accorde en genre et en nombre avec le nom auquel il se rapporte. Si ce *qui* est suivi d'un nom, ce nom se met au génitif pluriel, à l'accusatif avec *inter*, ou à l'ablatif avec *è* ou *ex*.

EXEMPLE:

Qui de nous? *quis nostrum, ex nobis*, ou *inter nos.*

II.

Le plus grand des citoyens, *maximus civium, ex civibus* ou *inter cives.* Le superlatif veut le nom pluriel qui suit au génitif, à l'ablatif avec *è* ou *ex*, ou à l'accusatif avec *inter*. *Maximus* est au masculin, parce que *civis* qui le suit est du masculin, c'est comme si on disait *maximus civis civium*.

Quand l'adjectif latin n'a pas de superlatif, alors on se sert de *maximè* avec le positif.

Le plus pieux des citoyens.
Maximè pius civium.
La plus faible des deux mains.
Debilior manuum.

Lorsqu'on ne parle que de deux, au lieu du superlatif, on met le comparatif en latin.

III.

Plus grand que Jacques, *major Jacobo*, ou *major quàm Jacobus*.

Quand le comparatif est rendu par un seul mot latin, on peut mettre le nom suivant à l'ablatif en supprimant *le que*. Si on rend *le que* par *quàm*, on mettra le mot qui est après *quàm*, au même cas que le mot qui est avant.

EXEMPLE:

Je ne connais personne plus savant que lui.
Neminem novi doctiorem quàm illum.

Nemo, personne, *nil et nihil*, rien, *nullus*, aucun, emportent avec eux la négation française.

Il est plus modeste que vous ne croyez.
Modestior est quàm cogitas.

Ne, ne s'exprime pas avec un verbe précédé d'un comparatif.

Plus pieux que Pierre.
Magis pius quàm Petrus.

Quand l'adjectif n'a point de comparatif en latin, on rend plus par *magis*, le *que* par *quàm*; mais on ne peut mettre le nom à l'ablatif.

Moins pieux que Pierre.
Minùs pius quàm Petrus.

Moins, s'exprime par *minùs*, avec l'adjectif simple, le *que* se rend par *quàm* et on met le même cas après que devant.

La formation des comparatifs et superlatifs, se trouve à la page 101 de notre méthode.

IV.

Un vase d'or, *vas ex auro.*

Le nom qui marque la matière dont une chose est faite, se met à l'ablatif avec *ex*.

Le nom qui marque *le prix*, *l'instrument*, la *cause*, *la partie*, se met à l'ablatif sans préposition.

Ce livre coûte dix sous, *hic liber constat decem assibus.*

Frapper de l'épée, *ferire gladio.*
Mourir de faim, *fame interire.*
Tenir par la main, *tenere manu.*

V.

Un ruban long de quatre aunes.

Tœnia longa quatuor ulnas , ou *ulnis.*

Il était éloigné de vingt-cinq pas ,

Aberat viginti quinque passus ou *passibus.*

Le nom qui marque la mesure , la distance, se met à l'accusatif ou à l'ablatif sans préposition.

VI.

L'oiseau est tombé à douze pas d'ici.

Avis cecidit duo decimo abhinc passu , ou *ad duo decimum abhinc passum.*

Le lieu précis où une chose est arrivée , se met à l'ablatif sans préposition, ou à l'accusatif avec *ad* , en se servant du nombre ordinal.

VII.

Questions de tems.

Il y a quatre questions de tems. *Quand*, *combien de tems*. *depuis quel tems* , *En combien de tems.*

Question : *quand* , *quando*

Je reviendrai l'année prochaine, *anno proximo revertar.*

Le tems où une chose s'est faite, ou se fera, se met à l'ablatif , *sans préposition.*

Question : *combien de tems? quandiù.*

Il a régné quatre ans, *regnavit quatuor annos*, ou *annis.*

Quand on marque le tems qu'une chose a duré ou durera, on met l'ablatif ou l'accusatif, sans préposition, avec le *nombre cardinal.*

Question : *depuis quel tems? à quanto tempore.*

Il y a quatre ans qu'il est mort, *à quatuor annis, mortuus est.*

Quand on veut marquer depuis quel tems une chose s'est faite, on met l'*ablatif avec à.*

Question : *en combien de tems? intra quantum tempus.*

Je finirai mon ouvrage en cinq jours, *intrà quinque dies conficiam opus.*

Quand on marque en quel espace de tems une chose s'est faite, ou se fera, *on met l'accusatif avec intrà.*

VIII.

Questions de lieu.

Il y a quatre questions de lieu : *ubi, quo, quà, undè.*

Question : *ubi*, où êtes-vous? *ubi es?*

La question *ubi*, qui marque le lieu où l'on est, veut l'ablatif avec *in.*

Je suis dans la ville, *sum in urbe.*

Remarque : si le mot est un nom propre

singulier, de la première ou seconde déclinaison, on le met au génitif.

EXEMPLE:

Je serai à Rome, *ero Romæ*, à Paris, *Lutetiæ*, à la maison, *domi*.

Le nom *domus*, se met aussi au génitif.

Quand le nom propre n'est pas de la première ou de la seconde déclinaison, on le met à l'ablatif sans préposition.

Je demeurerai à Dijon, *manebo Divione*.

IX.

Question: *quò*, où allez-vous? *quò vadis*.

La question *quò*, qui marque le lieu où l'on va, veut le nom à l'accusatif avec *in*, quand on entre dans le lieu, et *ad*, quand on ne va qu'auprès.

Je vais à la ville, *eo in urbem*.

Je vais à la fontaine, *eo ad fontem*.

On ne met pas de préposition devant un nom propre, ni devant *rus*, la campagne; *domus*, la maison.

EXEMPLES:

Je vais à Paris, *eo Lutetiam*; à la maison, *domum*; à la campagne, *rus*.

X.

Question: *quâ*, par où passerez-vous? *quâ iter facies*.

La question *quà*, qui marque le lieu par où l'on passe, veut l'accusatif avec *per*.

EXEMPLE:

Je passerai par Paris. *Iter faciam per Lutetiam*, ou *transibo Lutetiam. Transire* porte la préposition avec lui.

Note. *Par chez*, avec un nom de personne, se tourne *par la maison de*, et en latin *per domum*. Je passerai par chez mon oncle, *iter faciam per domum avunculi mei.*

X I.

Question *undè*, d'où venez-vous? *undè venis?* La question *undè*, qui marque le lieu d'où l'on vient, d'où l'on est parti, veut l'abl. avec *ex* ou *è*.

EXEMPLE:

Je reviens de la France, *redeo ex Galliâ*; de ma chambre, *ex cubiculo*; je suis parti de Lyon, *profectus sum Lugduno*; de la maison, *domo*; de la campagne, *rure*; on sous-entend la préposition devant un nom propre, devant *rure* et *domo*.

Remarque. Quand après un nom propre, on trouve un nom commun, on met la préposition devant le dernier.

EXEMPLE:

Je vais à Rome, ville d'Italie, *eo Romam, in urbem Italiæ.*

J'ai

J'ai demeuré à Athènes, lieu célèbre, *mansi Athenis in loco nobili.*

Je reviens de Paris, ville de France, *redeo Lutetiâ ex urbe Galliæ.*

X I I.

C'est ainsi qu'il parla ; on tourne il parla ainsi, *sic locutus est.*

Est-ce ainsi que vous travaillez ? on tourne travaillez-vous ainsi ? *siccine laboras?* ou *laboras-ne itâ?*

Ce qui me chagrine, c'est que je pars, *illud me angit, quòd proficiscar.*

Ce qui me console, c'est l'argent que j'ai reçu ; tournez l'argent que j'ai reçu me console, *pecunia quam accepi me solatur.*

Il y avait des hommes qui, tournez des hommes étaient qui, *erant qui.*

C'est ainsi que la chose s'est passée, dites la chose s'est passée ainsi, *res itâ se habuit.*

C'est pour vous saluer que je viens, tournez je viens pour vous saluer, *te salutatum venio.*

X I I I.

Je mange avant de travailler, tournez avant que je travaille, *manduco antequàm,* ou *priusquàm laborem.*

Vous avez beau vous plaindre, tournez vous vous plaignez envain, *frustrà,* ou *in vanum quereris.*

Après avoir étudié, je joue, tournez *après* par *lorsque*, *cum studui*, *ludo*.

De toutes les vertus, il n'en est pas de plus belle que la charité, *ex omnibus virtutibus, nulla est pulchrior caritate*

De, signifiant *parmi*, se rend par l'ablatif avec *ex*; on pourrait encore le rendre par *inter* avec l'accusatif.

XIV.

J'ai eu le bonheur de revoir mon père, *mihi contigit ut patrem viderem*

J'ai eu le malheur de perdre ma mère, *mihi accidit ut amitterem matrem*.

Vous ne sauriez croire, *vix credas*.

Je voudrais savoir cela, *illud scire velim*, ou *vellem*.

J'ai eu de la peine à obtenir cela, tournez j'ai obtenu cela difficilement, *id œgrè impetravi*. N'avoir pas de peine à, se tourne *par facilement*.

XV.

A force d'attendre, j'ai vu le roi, tournez après que, ou lorsque j'ai eu attendu long tems: *postquàm*, ou *cùm diù expectavi, vidi regem*.

A force d'étudier, il est devenu savant, tournez en étudiant beaucoup. *Multùm studendo evasit doctus*, ou *multo studio*, par une grande étude.

XVI.

J'allais partir, ou j'étais sur le point de partir. *Mox profecturus eram*, ou *jamjam profecturus eram*, ou enfin, *in eò eram ut proficiscerer*.

J'allais être pris, ou j'étais sur le point, à la veille d'être pris.

Capiendus eram, ou *in eò eram ut caperer*. *Aller*, *devoir*, être *à la veille de*, être *sur le point de*, se rendent par le verbe *sum* avec le participe en *rus*, *ra*, *rum*, pour l'actif, et le participe en *dus*, *da*, *dum*, pour le passif, auquel on ajoute *mox* ou *jamjam*.

XVII.

Les grains se cueillent, *grana leguntur*.

Lorsque le nominatif d'un verbe réfléchi est un nom de chose inanimée, ou même animée, qui ne peut faire action sur elle-même, le verbe se met au passif. Les grains ne se cueillent pas eux-mêmes ; on tourne donc sont cueillis.

Je me nomme Jean, *nominor Joannes* ; c'est-à-dire, je suis nommé, car je ne me nomme pas moi-même.

Ce mot se trouve dans César ; comme il ne se trouve pas lui-même, je tourne, *il est trouvé : hoc verbum invenitur apud Cæsarem*.

Je ne m'ébranle pas de vos menaces, tournez *je ne suis pas ébranlé de vos menaces*.

Minis non moveor tuis.

Le fat se loue ; comme il fait l'action sur lui-même, je dis : *stolidus se laudat.*

Louis et Pierre se frappent. *Ludovicus et Petrus se invicem feriunt.* Je n'ai pas tourné par le passif, vu qu'ils font l'action sur eux-mêmes.

Quand une action se passe entre plusieurs, comme ici, on ajoute élégamment l'adverbe *invicem.*

Dans les trois phrases suivantes, les nominatifs, par une exception particulière, sont regardés comme *choses animées.*

Le poison se glisse dans les veines.

Venenum sese in venas insinuat

Si la chose se passe ainsi. *Si res ità se habeat.*

Si l'occasion se présente. *Si se dederit occasio.*

X V I I I.

Les ennemis ayant été chassés, ma crainte a cessé.

Pulsis hostibus, cessavit pavor : on sous-entend la préposition *à* depuis *les ennemis chassés*, ou après *les ennemis chassés.*

Quand un participe ne se rapporte en rien au nominatif ou au régime du verbe, on le met à l'ablatif, avec le nom auquel il est joint ; ils s'accordent en genre, en nombre et en cas. On pourrait dire encore *cùm hostes pulsi sunt*, lorsque les ennemis ont été chassés ; mais l'ablatif absolu est plus en usage.

Les parts faites, le lion tint ce langage : *partibus factis, leo hunc habuit sermonem*, ou *cùm partes factæ fuissent.*

Amulius, ayant chassé son frère, régna chez les Albains. *Amulius, pulso fratre, regnavit apud Albanos*, ou *cùm pepulisset fratrem, Amulius, regnavit apud Albanos.*

Le participe passé actif, *ayant chassé*, manque en latin, excepté dans les verbes déponens ; on tourne ayant par *lorsque*, *après que*, comme dans le dernier exemple, ou bien, on se sert de l'ablatif.

TROISIÈME PARTIE.

Cette troisième partie renferme les plus grandes difficultés des gallicismes; je n'y ai conduit que par degrés : ayant rendu compte des principes, comme je l'ai fait, le lecteur verra tout s'applanir devant lui, pour peu qu'il mette d'atttention.

Ier.

On chérit la vertu, dites la vertu est chérie, *virtus diligitur.*

Quand le verbe qui suit le pronom général *on* a un passif, ce verbe se met au passif.

Si ce verbe est neutre ou déponent, on le met à la troisième personne du pluriel; on sous-entend *homines.*

EXEMPLES.

On favorise la vertu, *favent virtuti.*

On admire le courage, *mirantur fortitudinem.*

Si on vient, dites si quelqu'un vient, *si quis venit.*

Si on se tourne par *si quelqu'un.*

Quand ou *lorsqu'on*, se tournent par *celui qui*, *ceux qui*, etc., et se rendent par *qui*, *quœ*, *quod.*

EXEMPLE.

Quand on est malheureux, on est méprisé; tournez celui qui est malheureux est méprisé.

Qui miser est, contemnitur.

Quand on desire le bien d'autrui, on mérite de perdre le sien; tournez celui qui desire le bien d'autrui, mérite de perdre le sien.

Qui bonum alienum appetit meretur perdere, ou *ut perdat suum*. Après *mereor*, mériter, on met *l'infinitif* ou le *subjonctif* avec *ut*.

On suivi d'une négation se tourne par *personne*, *nemo*, *nullus*, qui emportent la négation française.

EXEMPLE.

On ne peut être savant sans peine, tournez personne ne peut être savant sans peine.

Nemo, ou *nullus*, *sine labore*, *potest esse doctus*.

II.

Il est admiré des savans. Comme le verbe *admirer* n'a pas de passif en latin, dites : les savans l'admirent, *eum docti mirantur*.

Autant cette femme avait de science, autant elle avait de modestie. *Quantum doctrinæ, habebat illa mulier, tantum modestiæ habebat*.

Lorsque *autant* est répété, le premier tient lieu de *que*, et s'exprime par *quantùm* devant des choses qui ne se comptent pas, et par *quot* devant des choses qui se comptent.

EXEMPLE:

Autant d'hommes, autant d'avis.
Quot homines tot sententiœ.

Aussi devant un adjectif et un adverbe se rend par *tàm*, et le que par *quàm*.

Il est aussi bon que brave, *tam bonus est quàm fortis.*

III.

Mon frère n'est pas le même à mon égard que je l'ai vu jadis. *Idem ergà me non est frater quem vidi olim.* Après *le même*, *la même*, le *que* se rend par *qui*, *quœ*, *quod*, qui se met au cas du verbe suivant.

Quelle que soit votre audace, *quanta cumque sit tua audacia. Quelque* est rendu par *quantuscumquè*, parce qu'il peut se tourner par *quelque grand*, etc., et qu'on peut dire : *quelque grande que soit votre audace.* Sans cela on dirait *quœcumque* etc., *quelque.... que*, suivi d'un adjectif, d'un adverbe ou d'un participe, se rend par *quantùmvis.*

EXEMPLE:

Quelque savant qu'il soit, *quantùm vis sit doctus.*

Devant un verbe de prix *quelque.. . que* se rend par *quanticumquè.*

Quelqu'estimable que soit la science.
Quanticumquè æstimanda sit doctrina.

Quelque....que, suivi d'un nom de choses qui se comptent, se rend par *quot* ou *quantùm vis*, *multi*, *multæ*, *multa*, qui s'accorde avec le nom en genre, en nombre et en cas.

EXEMPLE:

Quelques services que vous lui rendiez, vous ne lui en rendrez jamais assez.
Quot ou *quantùmvis multa ei præstiteris officia, nunquam satis multa apud eum posueris.*

I V.

La bonne mère aime ses enfans, et non leurs vices, *bona mater amat suos liberos, non vero eorùm vitia.*

Ses est rendu par *suus*, *a*, *um*, parce qu'il se rapporte au nominatif du verbe: *leurs*, l'est *is*, *ea*, *id*, parce qu'il ne s'y rapporte pas.

Pour connaître si *son*, *sa*, *ses*, *leurs*, se rapportent au nominatif du verbe, faites la question *de qui*, si la réponse est la même que celle du nominatif, servez-vous de *suus*, *sua*, *suum*. Appliquons ce principe :

Qui est-ce qui aime? *la mère*; les enfans de *qui*? de la mère. Ses a donc rapport au nominatif; il a donc dû être traduit par *suus*, *sua*, *suum*.

Et non leurs vices. Les vices *de qui?* des

enfans. Qui est-ce qui aime? la mère: *leurs* ne se rapporte pas au nominatif; il a donc dû être exprimé par *is ea id.*

Le père vous engage à instruire son fils.

Pater te hortatur ut suum educes filium.

Son, *sa*, *ses*, *leurs*, après deux verbes, se rendent par *suus*, *sua*, *suum* quand ils se rapportent au nominatif de l'un de ces deux verbes: et par *is*, *ea*, *id*, quand ils ne s'y rapportent pas comme ici:

Je vous prierai de prendre ses intérêts.

Te rogabo ut illius commodis inservias.

Son, dans la première phrase, se rapporte au nominatif du premier verbe. *Qui est-ce qui engage*? le *père*: le *fils de qui*? du père. *Son* a donc dû être rendu par *suus*, *sua*, *suum*.

Son, dans la seconde phrase, ne se rapporte au nominatif d'aucun verbe.

PREUVE.

Qui est-ce qui prie? *moi*. *Qui est-ce qui prendra*? *vous*. Les intérêts de *qui*? *de lui*, *d'elle*. *Ses*, a dû par conséquent être exprimé par *is*, *ea*, *id*, ou *ille*, *illa*, *illud*.

V.

Ses qualités sont connues; *ejus dotes cognoscuntur*. Son, *sa*, *ses*, *etc.*, au commencement d'une phrase, s'expriment par *is*, *ea*, *id*, quand ils n'ont pas de rapport avec le régime suivant, et par *suus*, *sua*, *suum*, quand ils s'y rapportent.

EXEMPLE.

Sa vertu lui attire des honneurs.
Sua, illi virtus conciliat honores.
Sa valeur le rend recommandable.
Sua eum commendat virtus.

VI.

Je crains que le Maître ne vienne, *timeo ne præceptor veniat.*

Après *craindre*, *appréhender*, *avoir peur*, le *que* ou *de* suivi de *ne* seulement, se rend par *ne* avec le subjonctif.

Mais si ces Verbes sont suivis de *ne pas*, ou *ne point*, *que* ou *de* s'expriment par *ut* ou *ne non.*

EXEMPLE:

Je crains que le Maître ne vienne pas, *timeo ut* ou *ne non præceptor veniat.*

Pierre se met peu en peine que vous l'écoutiez; *Petrus parùm curat an audias eum*, ou *utrum audias eum.*

Si après le Verbe, se trouvent les mots *ou non*, on les exprime par *annon* ou *nec ne.*

EXEMPLE:

Il se met peu en peine que vous l'écoutiez ou non; *parùm curat utrùm audias eum*, *annon* ou *nec ne.*

VII.

Quand entre deux Verbes se trouvent des Conjonctions, des Adverbes, des qui ou que interrogatifs, le second se met au même tems du Subjonctif, qu'il est de l'Indicatif.

EXEMPLES:

Vous ne saurez pas qui je suis, *nescies quis ego sim.*

Sim est au présent du Subjonctif, parce qu'il est au présent de l'Indicatif en français.

Dites-moi quelle heure il était, *dic mihi quota hora esset. Esset* est à l'Imparfait du Subjonctif, parce que le Verbe français est à l'Imparfait de l'Indicatif.

Je doute s'il viendra, *dubito an veniat.*

Le Futur de l'Indicatif précédé d'une Conjonction, se rend par le présent du Subjonctif.

Vous voyez combien elle m'a aimé, *vides quantùm me amaverit. Amaverit* est au Parfait du Subjonctif en latin, parce que le Verbe français est au Parfait de l'Indicatif.

Annoncez-moi comment l'affaire se passe, *nuntia mihi quomodo res se habeat.*

Dites-nous pourquoi vous veniez ici,
Dic nobis cur huc venires.
Savez-vous s'il a de quoi payer.
Scis-ne an habeat undè solvat.

A quel tems du Subjonctif latin faut-il mettre le Verbe français qui se trouve à l'Infinitif, et qui doit être au Subjonctif avec une Conjonction latine.

RÈGLE. Après le Présent et le Futur, mettez le présent du Subjonctif.

EXEMPLE:

Je vous conseille, je vous conseillerai de sortir; c'est-à-dire, que vous sortiez, *tibi suadeo, tibi suadebo ut exeas.*

Après l'Imparfait, le Parfait, le Plus-que-Parfait, le Conditionnel présent, le Conditionnel passé, mettez l'Imparfait du Subjonctif.

EXEMPLE:

Je vous conseillais, je vous ai conseillé, je vous avais conseillé, je vous conseillerais, je vous aurais conseillé de sortir, tournez que vous sortissiez.

Tibi suadebam, suasi, suaseram, suaderem, suasissem ut exires.

VIII.

Mon frère fut puni sans l'avoir mérité, tournez quoiqu'il ne l'eut pas mérité; *pœnas dedit frater, quamvis esset innoxius.*

Je ne puis parler sans rire, tournez que je ne rie; *loqui non possum quin rideam.*

Je vous ai écrit plusieurs fois, sans avoir de réponse, tournez et je n'ai cependant pas eu de réponse: *ad te* ou *tibi scripsi pluries, responsum tamen non habui. Scribere* veut son régime indirect au datif ou à l'accusatif avec *ad*; c'est pourquoi je dis *ad te* ou *tibi.*

Vous n'obtiendrez rien sans travailler beaucoup, tournez que vous ne travailliez, ou à moins que vous ne travailliez beaucoup; *nihil obtinebis, quin* ou *nisi multùm studeas.*

Sans mentir, *ne mentiar*; à dire vrai, *ut verum dicam.*

La pensée par laquelle nous appercevons, sans nier ou affirmer, tournez *sans négation* ou *affirmation*, ou, si vous l'aimez mieux, en ne niant ou n'affirmant point; *cogitatio quâ percipimus, sine negatione aut affirmatione;* ou *neque negando neque affirmando.*

Si le héros dont je fais l'éloge, n'avait su que vaincre, sans que sa valeur et sa prudence fussent animées d'un esprit de foi et de charité. . . . .

Tournez et si sa valeur et sa prudence n'eussent pas été animées d'un esprit de foi et de charité.

Si heros quem laudo, tantùm vincere scivisset, et ejus fortitudo prudentiaque spiritu fidei et caritatis animata non fuissent. . . .

I X.

Nous avons agi malgré vous, malgré nos parens; *te invito, invitis parentibus egimus.*

Malgré devant un nom de personne, se rend par *invitus*, *invita*, *invitum*, que l'on fait accorder avec le nom. Ce nom se met à l'Ablatif, quand il ne se rapporte ni au régime ni au nominatif: s'il se rapporte au nominatif ou au régime, on le fait accorder avec comme ici:

J'ai fait cela malgré moi, *id invitus feci.*

Nous les avons conduits malgré eux, *eos invitos duximus.*

Malgré, devant un nom de chose, se tourne par *quoique*, et le nom se rend par l'adjectif ou le verbe qui y répond.

Il y a de l'ombre ici, malgré l'ardeur du soleil. *Tournez* : quoique le soleil soit ardent : *Est hic umbra, licet nimius sit sol.*

Il le tua malgré ses cris; *tournez*, quoiqu'il criât : *Illum, quamvis clamitaret, interfecit.*

X.

Au lieu d'étudier, il joue, tournez lorsqu'il devrait étudier, il joue ; *ludit cum studere deberet*; ou bien, il joue et n'étudie pas, *ludit non verò studet.*

Etudiez au lieu de jouer; tournez, et ne jouez pas : *Stude, ne verò ludas.*

Au lieu, suivi de *que*, se tourne comme dans l'exemple suivant :

Au lieu que la gloire des grands du monde finit au tombeau, c'est dans le tombeau que commence la gloire de Jésus-Christ. Traduisez comme s'il y avait : La gloire des grands du monde finit au tombeau ; dans le tombeau, au contraire, commence la gloire de Jésus-Christ. *Au contraire* se met pour marquer l'opposition des phrases. *Au lieu que* et *c'est que* ne s'expriment point. *In sepulchro finit gloria principum mundi, in sepulchro contrà incipit gloria Jesus-Christi.*

XI.

Il n'aime que la gloire. Tournez : Il aime seulement la gloire, *ou* la gloire seule. *Solùm gloriam amat*, ou *amat solam gloriam*.

Neque se rend par *solùm*, ou par *solus*, *sola*, *solum*, qui s'accorde avec le nom.

Si *neque* peut se tourner par *rien autre chose*, on le rend par *nihil aliud*, le *que*, par *quàm*, *nisi* ou *prœter*.

EXEMPLES :

Il n'a pris que son épée, *c'est-à-dire*, rien autre chose que son épée ; *Nihil aliud*, *quàm*, *nisi* ou *prœter gladium sumpsit*.

Je n'assure rien que je ne le prouve, *Nihil affirmo quòd non probem*.

XII.

Remarques sur ÉTANT, *joint à un nom*.

Le verbe *être* n'a pas en latin de participe-présent *étant*. On tourne la phrase par *puisque*, avec le présent, si la chose se passe actuellement ; et par *lorsque*, avec l'imparfait, si la chose est passée.

EXEMPLES :

Etant studieux, vous deviendrez habile. *Tournez* : Puisque vous êtes studieux ; *Quùm sis studiosus, peritus fies. Quùm,* signifiant *puisque*, veut toujours le subjonctif.

César étant empereur. *Tournez* : Lorsque César était empereur, *Cùm Cæsar esset imperator;* ou simplement, *Cæsare imperatore*, en sous-entendant la préposition *sub*, sous. J'ai tourné la phrase par *lorsque*, vu que la chose est passée.

Remarques sur ÉTANT, *joint à un verbe.*

Etant, joint à un verbe, se rend par le participe en *us, a, um*, qui s'accorde avec le nominatif.

EXEMPLE:

Etant aimé de Dieu, vous réussirez; *Dilectus à Deo, prosperà habebis.*

Si le verbe est déponent ou neutre en latin, on tourne le passif en actif, en se servant de *puisque*.

EXEMPLE:

Etant favorisé de la fortune. *Tournez :* Puisque la fortune vous favorise, *Quùm tibi faveat fortuna.*

XIII.

Remarques sur AYANT.

Ayant, employé comme participe-passé actif, se tourne par *lorsque*.

EXEMPLE:

Ayant terminé mes affaires. *Tournez :* Lorsque j'ai eu terminé mes affaires, *Cùm negotia perfeci*, ou *negotiis perfectis*, en sous-entendant *à* : Depuis mes affaires terminées.

AYANT, *joint à un verbe déponent*.

Ayant, joint à un verbe déponent, n'exige pas qu'on tourne la phrase par *lorsque*, vu que les verbes déponens ont le participe-passé actif, comme *imitatus*, ayant imité, *blanditus*, ayant flatté, etc. On emploie donc ce participe, qui s'accorde avec le nominatif du verbe.

EXEMPLE:

Ayant promis une récompense, je dois la donner ; *Pollicitus mercedem, debeo illam tribuere.*

AYANT, *suivi de* ÉTÉ.

Ayant, suivi de *été*, se rend par le participe-passé passif, qui s'accorde avec le nominatif.

EXEMPLE:

Ayant été vaincu, j'ai pris la fuite ; *Victus, fugi.*

Ayant été, joint à un verbe déponent ou neutre en latin, veut qu'on change le passif en actif, avec *lorsque*, comme ici :

Ayant été poursuivi des voleurs. *Tournez :* Lorsque les voleurs l'eurent poursuivi, *Cùm latrones eum persecuti essent.*

XIV.

QUE retranché.

On appelle en latin *que* retranché, le *que* qui n'a point d'antécédent, et ne peut se tourner par *lequel, laquelle :* c'est le *que* conjonctif français entre deux verbes. C'est bien à tort qu'on le nomme *retranché*, puisqu'il est plus souvent rendu par des conjonctions latines, que supprimé entièrement : bref, nous le nommons ainsi, pour nous conformer à l'usage.

Ce *que*, lorsqu'il est retranché, exige le second verbe à l'infinitif, et le nominatif de ce second verbe à l'accusatif.

EXEMPLES :

Je crois que vous lisez. *Tournez :* Je crois vous lire, *Credo te legere.*

Je croyais que vous aviez lu. *Tournez :* Vous avoir lu, *Credebam te legisse.*

Au lieu de supprimer le *que*, on peut le rendre par *quòd*, laisser le sujet du second verbe au nominatif, et mettre ce second verbe au même temps du subjonctif qu'il est de l'indicatif. Alors, au lieu de *credo te legere*, on dira *credo quòd legas*; au lieu de *credebam te legisse*, on dira *credebam quòd legisses.*

Legas est au présent du subjonctif, parce que le verbe français est au présent de l'indicatif.

Legisses est au plusqueparfait du subjonctif, parce que le verbe français est au plusqueparfait de l'indicatif.

Les temps de l'infinitif font connaître ceux de l'indicatif dont ils tiennent la place, en retranchant le *que*.

Infinitif *amare*, qu'il aime *ou* qu'il aimait.

Le *présent* et l'*imparfait* se mettent donc à l'*infinitif*.

Parfait : *amavisse*, avoir aimé, qu'il a aimé, *ou* qu'il avait aimé.

Le parfait et le plusqueparfait de l'indicatif doivent donc être au *parfait* de l'infinitif, quand on retranche le *que*.

Futur : *amaturum*, *amaturam esse*, devoir aimer, qu'il aimera, *ou* qu'il aimerait.

Le futur de l'indicatif et le conditionnel-présent doivent donc être au *futur* de l'infinitif.

Futur-passé : *amaturum*, *amaturam fuisse*, avoir dû aimer, qu'il aurait *ou* qu'il eût aimé.

Le conditionnel - passé doit donc être au *futur-passé*. Ces futurs, tant à l'actif qu'au passif, se déclinent pour s'accorder avec le sujet du second verbe qui se trouve à l'accusatif.

Je crois qu'il mangerait, *Credo eum manducaturum esse*.

Je pense que nos sœurs seront écoutées, *Puto sorores nostras audiendas esse.*

XV.

Remarques sur le QUE *retranché.*

1°. Si le second verbe qu'on doit rendre par le futur de l'infinitif, n'a pas de futur, exprimez le *que* par *fore ut*, avec le subjonctif.

EXEMPLE :

Je crois que vous vous repentirez, *Credo fore ut te pœniteat.*

(Le présent du subjonctif rend le futur de l'indicatif.)

Fore est le futur de *sum*, *ut* signifie *que*; c'est comme si on disait : Je crois qu'il arrivera que vous vous repentirez.

Si le premier verbe est à l'imparfait et le second au conditionnel-passé, au lieu de *fore ut*, on emploie *futurum fuisse ut.*

EXEMPLE :

Je croyais que vous vous seriez repenti, *Credebam futurum fuisse ut te pœniteret.*

2°. Les imparfaits en *asse*, comme *j'aimasse*; en *isse*, comme *je finisse*; en *usse*, comme *je reçusse*; en *insse*, comme *je vinsse*, se rendent quelquefois par le futur de l'infinitif.

EXEMPLE :

Si je pensais qu'il vînt. *Tournez :* lui devoir venir, *Si eum venturum esse cogitarem.*

Quelquefois ils se tournent par l'imparfait de l'indicatif, et se mettent au présent de l'infinitif.

EXEMPLE:

Je ne croyais pas que vous fussiez malade, *c'est-à-dire*, que vous étiez malade, *Non putabam te œgrotare.*

3°. Le présent du subjonctif se tourne, dans des cas, par le futur, et en suit la règle.

EXEMPLE:

Je ne crois pas qu'il vienne. *Tournez :* qu'il viendra, *Non credo eum venturum esse.*

4°. Evitez avec soin l'amphibologie en retranchant le *que*. On appelle *amphibologie*, l'ambiguité qui fait que de deux sens offerts, on ne peut connaître le véritable.

EXEMPLE.

Je crois que Pierre aime Dieu, vous ne pouvez pas mettre *dico Petrum amare Deum*. On ne saurait si c'est Dieu qui aime Pierre, ou Pierre qui aime Dieu. *Tournez* l'actif en passif et dites : Je crois que Dieu est aimé de Pierre, *credo Deum à Petro amari*, ou pour obvier à tout, *credo quòd Petrus amet Deum.*

XVI.

Verbes après lesquels on retranche le *que*,

avouer, avertir, apprendre, affirmer, assurer, arrêter.

Croire, convenir, comprendre, convaincre.

Décider, découvrir, déclarer, deviner, dire.

Espérer, écrire, être *sûr,* être *persuadé, entendre.*

Il est clair, il est évident, il est certain.

Lire.

Marquer.

Mander.

Nier.

Observer.

Promettre, prétendre, prévoir, publier, paraître, prévenir, présumer, pressentir, penser, rapporter, répondre, résoudre, remarquer, raconter, supposer, se souvenir, s'appercevoir, sembler, se douter, se rappeler, se convaincre, s'imaginer, soutenir, sentir.

Trouver.

Voir.

Verbes après lesquels, *que* se rend par *ut* avec le subjonctif.

Avoir soin, arriver, consentir, demander, désirer, faire en sorte.

Il faut, il importe, il est nécessaire, il est utile, il est avantageux, il résulte, il suit, il est de l'intérêt, il est juste.

Mériter, obtenir, ordonner, prier, permettre, recommander, souhaiter, vouloir.

Remarques particulières.

1°. Nous avons dit que les cinq verbes *pœnitet*, *pudet*, *tædet*, *miseret*, *piget*, veulent le nominatif français à l'accusatif en latin ; ils ont bien leur nominatif, mais ce nominatif est contenu implicitement dans eux.

On disait, dans le principe, *pœna tenet me*, je me repens ; *pudor tenet te*, tu as honte ; *tædium illum tenet*, il s'ennuie ; *nos miseratio habet*, nous avons pitié ; *vos pigredo tenet*, vous avez regret.

Par un caprice dont on ne peut rendre compte, on a fondu le nominatif dans ces verbes, on n'a plus prononcé que l'accusatif, leur régime ; et l'usage, vrai tyran des langues, a consacré cette espèce d'irrégularité.

2°. Quand après *il n'importe pas*, *il importe peu*, *qu'importe ?* il y a deux *que* ou deux *de*, le premier se rend par *utrùm*, et l'autre par *an*, avec le subjonctif.

Exemples :

Il ne m'importe pas d'être riche ou pauvre. *Tournez :* si je suis riche ou pauvre, *Nihil meâ refert utrùm dives sim an pauper.*

Que m'importe d'être riche ou pauvre? *Tournez :* si je suis riche ou pauvre, *Quid meâ refert utrùm dives sim an pauper?*

Avec *refert*, *interest*, les pronoms *me*, *te*, *se*, *nous*, *vous*, *lui*, *leur*, se rendent par *meâ*, *tuá, suá, nostrá, vestrá*, en sous-entendant *causá*.

3°. Après les verbes de doute, comme *douter si, examiner si, savoir si, ne pas savoir si, délibérer si, demander si, s'informer si. Si* s'exprime par *an* ou *utrùm* avec le subjonctif.

EXEMPLE :

Elle demanda si elle était plus grosse que le bœuf, *Interrogavit an esset bove latior.*

Ou non se rend par *an non* ou *necne.*

Je ne sais s'il dort ou non, *Nescio an dormiat an non*, ou *necne.*

4°. *Ayant*, devant un nom, se rend par *pro* avec l'ablatif.

Ayant autant de prudence que vous en avez, *Pro tuá prudentiá.*

DONT OU DE QUI.

Dont, gouverné par un nom, se met au génitif.

Dieu dont *ou* de qui la providence, *Deus cujus providentia.*

Dont ou *de qui*, gouverné par un adjectif, se met au cas que gouverne cet adjectif.

La récompense dont *ou* de laquelle vous êtes indigne, *Merces quá indignus es.*

Dont, gouverné par un verbe, se met au cas du verbe.

Les plumes dont *ou* desquelles je me sers, *Calami quibus utor.*

5°. *Ne faire que de* se tourne par *tout à l'heure*, et se rend par *modò*.

EXEMPLE:

Il ne fait que de partir. *Tournez :* Il est parti tout à l'heure, *Modò profectus est.*

Ne faire que se tourne par continuellement, *semper* ou *perpetuò*.

EXEMPLE:

Il ne fait que jouer. *Tournez :* Il joue continuellement, *Semper* ou *perpetuò ludit.*

Ne manquer pas de se tourne par *certainement.*

Je ne manquerai pas de vous écrire. *Tournez :* Je vous écrirai certainement : *Ad te certò scribam.*

Ne servir qu'à ne se rend point en latin.

Cela ne sert qu'à m'aigrir. *Tournez :* Cela m'aigrit, *Hoc me exulcerat.*

6°. *Que*, avec un nom de temps, se rend par *quum* ou *ex quo*.

Présentement que, *Nunc quùm.*

La dernière fois que je vous vis, *Proximè quùm te vidi.*

Il y a long-temps que je vous attends, *Diù est quùm te expecto.*

Du temps que Rome florissait, *Cùm Roma floreret.*

Il y a des temps que, *Incidunt tempora quùm.*

Il y a trois ans que je suis ici, *Tres anni effluxère ex quo hìc sum.* [On sous-entend *tempore.*]

7°. C'est se tromper que de croire. *Tournez:* Celui-là se trompe qui croit, *Errat qui putat.*

Etre content de son sort, c'est s'épargner bien des peines. *Tournez :* Celui qui est content de son sort, s'épargne bien des peines; *Qui suâ sorte contentus est, multas à se avertit pœnas.*

Autant que je le prévois, *Quantùm prospicio.*

Autant que, au commencement d'une phrase, se rend par *quantùm.*

Adverbes de quantité devant un verbe de prix ou d'estime.

Par prix, on entend ce qu'a coûté un objet; comme si je demandais : *Combien a coûté cette maison?*

Qu'il est estimé, *ou* combien il est estimé! *Quanti æstimatur!*

Peu, *Parvi.*
Beaucoup, *Magni.*
Moins, *Minoris.*
Tant, autant, aussi, si, *Tanti.*
Assez, *Satis magni.*
Trop, *Nimio pluris.*

Il en est de même avec *vendere*, vendre, et *valoir*, rendu par *sum*; comme ici :

Cette marchandise vaut moins : *Hæc merx minoris est.*

On sous-entend *pretii*, prix.

ADVERBES DE QUANTITÉ DEVANT UNE CHOSE QUI NE SE COMPTE PAS.

Que d'eau, *ou* combien d'eau !	*Quantùm aquæ!*
Peu d'eau,	*Parum aquæ.*
Beaucoup d'eau,	*Multùm aquæ.*
Moins d'eau,	*Minùs aquæ.*
Autant, tant d'eau,	*Tantùm aquæ.*
Plus d'eau,	*Plùs aquæ.*
Assez d'eau,	*Satis aquæ.*
Trop d'eau,	*Nimis*, ou *nimiùm aquæ.*

Ces adverbes se rendent ainsi avec le génitif devant les choses qui ne se comptent pas.

Que *ou* combien de science !	*Quanta doctrina!*
Peu de science,	*Parva doctrina.*
Beaucoup de science,	*Magna doctrina.*
Moins de science,	*Minor doctrina.*
Plus de science,	*Major doctrina.*
Autant, tant de science,	*Tanta doctrina.*
Assez de science,	*Satismagna doctrina.*
Trop de science,	*Nimia* ou *nimismagna doctrina.*

Ces adverbes s'expriment ainsi, quand la chose qui ne se compte pas peut se dire grande.

DEVANT UN NOM PLURIEL DE CHOSES QUI SE COMPTENT.

Que *ou* combien de livres !	*Quot*, ou *quàm multi libri !*
Peu de livres,	*Pauci libri.*
Beaucoup de livres,	*Multi libri.*
Moins de livres,	*Pauciores libri.*
Plus de livres,	*Plures libri.*
Autant, tant de livres,	*Tot* ou *tam multi libri.*
Assez de livres,	*Satis multi libri.*
Trop de livres,	*Nimis multi libri.*

DEVANT UN ADJECTIF, UN ADVERBE ET UN VERBE ORDINAIRE.

Que ou *combien* s'exprime par *quàm* ou *ut*

Peu,	*Parùm*, etc.
Beaucoup, bien, fort,	*Multùm*, *valdè.*
Moins,	*Minùs.*
Plus,	*Magis*, *plùs.*
Tant, autant, si,	*Tam*, *tantùm.*
Assez,	*Satis.*
Trop,	*Nimis*, *nimiòplus* ou *plusæquò.*

Il est aussi prudent qu'homme du monde, *ou bien*, que qui que ce soit ; c'est comme s'il y avait : que celui qui l'est le plus : *Tam prudens est quàm qui maximè.*

Cela me plaît autant que quoi que ce soit, *ou*, que chose du monde. *Tournez :* que ce qui me plaît le plus : *Id mihi tàm placet quàm quod maximè.*

Nous sommes aussi heureux que jamais, *Tam felices sumus quam quùm maximè.* [*C'est-à-dire*, que lorsque nous le sommes le plus.]

La science est aussi considérée ici qu'en aucun lieu du monde. *Tournez :* est aussi considérée ici, que dans le lieu où elle l'est le plus : *Scientia tantùm hìc honoratur, quantùm ubi maximè.*

Je l'aime autant qu'homme du monde, *ou* que qui que ce soit. *Tournez :* que celui que j'aime le plus : *Eùm tantùm diligo quantùm quem maximè.*

ADVERBES DE LIEU.

Il y a des adverbes qui répondent aux quatre questions.

Adverbes de la question *ubi*, qui se joignent à un verbe de repos. Où *ubi* ; ici où je suis, *hic* ; là où tu es, *istic* ; là où il est, *illic.* Là, en cet endroit, *ibi* ; ailleurs, *alibi* ; partout, *ubicumque* ; nulle part, *nusquàm* ; dehors, *foris* ; dedans, *intùs.*

Adverbes de la question *quò*, qui se joignent à un verbe qui signifie mouvement, pour aller, ou venir en quelque lieu.

Où *quò* ; ici où je suis, *huc* ; là où tu es, *istuc* ; là où il est, *illuc* ; là, en cet endroit, *eò* ; ailleurs, *aliò* ; partout où, *quòcumque*, nulle part, *nusquàm*, dehors, *foràs*, dedans, *intrò*.

Adverbes de la question *quà* ; par où, *quà*; par ici où je suis, *hac* ; par là où tu es, *istàc*; par là où il est, *illac* ; par là, *eà* ; par quelqu'endroit que ce soit, *quàcumque*.

Adverbes de la question *undè*, qui se joignent à un verbe qui signifie mouvement, pour venir de quelque lieu.

D'où, *undè* ; d'ici où je suis, *hinc* ; delà où tu es, *istinc* ; delà où il est, *illinc* ; de quelqu'endroit que ce soit, *quàcumque*.

Note de l'auteur.

Nous avons eu soin de renfermer dans un seul numéro, tous les cas qui ont du rapport et pourraient embarrasser. Les difficultés sont présentées par dégrés, afin de conduire sans peine et dégoût au but que nous nous sommes proposé. Les règles sont après les thêmes, méthode qui a un entier succès dans notre établissement, et ne rebute pas comme l'aridité de l'ancienne marche; le commencement contient une phrase analysée pour apprendre à raisonner les parties du discours ; elle est suivie d'autres phrases, afin de faire connaître les régimes divers, et enseigner à les distinguer dans le dictionnaire ; enfin, nous avons crû ne devoir rien négliger dans ce petit ouvrage, pour l'avancement des étudians, puissions-nous avoir rempli notre objet !

FIN.

TABLE

DES PRINCIPAUX ARTICLES.

FIN DE LA TABLE.

www.ingramcontent.com/pod-product-compliance
Lightning Source LLC
LaVergne TN
LVHW020043090426
835510LV00039B/1377

* 9 7 8 2 0 1 9 1 9 8 5 5 8 *